U0112551

言之有理

闽人智慧

泉州卷

中共福建省委宣传部
中共福建省委讲师团 编

福建人民出版社
海峡出版发行集团
THE STRAITS PUBLISHING & DISTRIBUTING GROUP

“闽人智慧：言之有理”丛书编委会

目录

信念篇

主要收录有关理想、信念、立志、自强的民谚、俗语。

一枝草，一点露

【注释】 露：露水，露珠。

【句意】 每一根小草上都有一滴露珠。

【运用】 用于阐述天无绝人之路，鼓励人们相信希望总是存在的，要树立信心，持续奋斗，生活必有美好的前景。

泉州方言

卜食着食肥肉，
卜对着对强敌

【注释】　卜：要；着：应该。

【句意】　要吃就吃肥肉，要对就对强敌。

【运用】　用于表达要敢于接受挑战，迎难而上，敢于啃硬骨头。

扫码听音

卜度人目凝，
呣度人可怜

【注释】 卜：要；度：给，让；目凝：斜视或瞪眼，表示羡慕或妒忌；呣：不。

【句意】 宁肯让人羡慕妒忌，绝不让人怜悯鄙视。

【运用】 用于表达做人要争气，引申为即使身处困境，也要保持气节。

泉州方言

人惊无志，树惊无皮

扫码听音

【注释】 惊：怕；无：没有。

【句意】 人怕没有志气，树怕没有树皮。

【运用】 用于表达人若没有志气，就像树没树皮那样失去活力。意同“球靠气，人靠志”。

人有志会成，天无磆会爬

【注释】 磆：台阶。

【句意】 人只要有志气，可做成任何事；哪怕想上天，即使没有台阶也能爬上去。

【运用】 用于表述有志者事竟成。

泉州方言

无惊山悬，只惊脚软

【注释】 悬：高。

【句意】 不怕山高，只怕腿软。

【运用】 用于阐述不怕困难大，就怕在困难面前畏缩不前，失去攻坚克难的内生动力。

扫码听音

穷人无穷种，富人无富栽

【注释】 栽：苗。

【句意】 穷人穷并不说明他们注定是受穷的命，富人富也不意味着他们天生是享福的命。

【运用】 用于表达贫富并非天注定，后天的努力可以改变一切。亦作“穷无穷根，富无富种”。

泉州方言

颔胜无搭地，嘸认输

【注释】　颔胜：脖子；搭：贴近；嘸：不。

【句意】　脖子没被按在地上，就绝不认输。

【运用】　用于表达没被彻底打败，绝不轻易认输，也可表达做任何一件事都不可轻言放弃。

扫码听音

输人呣输阵，输阵碗糕面

【注释】 输人：落后于人；阵：阵容，阵势；碗糕：一种米糕。

【句意】 虽然客观条件不如别人，也要努力保持尊严。

【运用】 在集体、公共事务或团体性活动中，当尽全力做到作为一名成员的责任、本分，为集体争荣誉。

泉州方言

瞈天呣值家己生

【注释】 瞈天：指望上天；呣值：不如；家己：自己。

【句意】 与其指望上天恩赐，不如自己骨头长肉。

【运用】 用于表达人要独立自主、自力更生。意同“求人不如求己”。

立场篇

主要收录有关方向、立场、站位的民谚、俗语。

人生海海，输赢笑笑

【注释】　海海：像大海一般。

【句意】　人生漫漫如大海变幻莫测，一次输赢不必挂怀，以平常心看待，一笑置之。

【运用】　用于表达人要站在整个人生广阔长河的视野和高度来看待荣辱得失，不要只盯着一时输赢，应保持豁达的心态。

泉州方言

三人四五样心，趁钱无够买灯芯

【注释】 趁钱：挣钱；灯芯：油灯上用来点火的纱、线等。

【句意】 一个集体中如果人人各怀心思、不齐心，是赚不到钱的。

【运用】 用于表达如果没有共同的奋斗目标，人心涣散，什么事都办不好。

扫码听音

大水桧冲走石擂臼

【注释】 桧：不会；石擂臼：石臼。

【句意】 洪水冲不走大石臼。

【运用】 用于喻指一个人如果心如磐石般稳固，就不怕各种磨难和考验。

泉州方言

池深饲大鱼，塗深生大薯

【注释】 饲：养；塗：土；薯：地瓜。

【句意】 水深的池塘能养出大鱼，肥沃的土地能长出大地瓜。

【运用】 用于喻指要取得丰硕成果就要站位高远、格局宏大。也可比喻有好的基础才能成大事，集体好个体才有更大的发展空间。

身正无惊影斜，脚正无惊鞋歪

【注释】 无惊：不怕。

【句意】 身正不怕影子斜，脚正不怕鞋子歪。

【运用】 用于表达只要自身没问题，即使受到质疑也不用担心。亦作“树正无惊树影斜”“无惊人呣敬，只惊己不正”。

泉州方言

衫会乱子穿，路𫜺乱子行

扫码听音

【注释】　衫：衣服；乱子：胡乱；𫜺：不会；行：走。

【句意】　衣服可以随便穿，道路不能胡乱走。

【运用】　用于阐述做人做事一定要走正道，行正事。

树头徛伊在，无惊树尾起风台

【注释】 徛：站；伊：虚词，得；在：稳固；无惊：不怕；风台：台风。

【句意】 树根扎得稳又正，不怕树梢刮台风。

【运用】 用于表达只要立场坚定，外部环境再恶劣都不可怕。亦作“船头煞伊在，无惊船尾起风台”（煞：停靠，安置）。

泉州方言

做匏桸就无惊滚汤

扫码听音

【注释】　匏桸：水瓢；滚汤：烧开的水。

【句意】　既然要做水瓢，就不能怕开水滚烫。

【运用】　用于形容在其位，谋其职，担其责，承其险。

扫码听音

厝惊无稳，人惊忘本

【注释】 厝：房屋；惊：怕。

【句意】 房子最怕地基不稳，为人最怕忘本。

【运用】 用于阐述做人不能忘本，如果忘本就失去了立身之基。

泉州方言

蛇无头𫘦行路，桶无篾会散箍

【注释】 𫘦：不会；行路：走路。

【句意】 蛇没头走不了路，桶没篾箍会散架。

【运用】 用于表达失去了引领方向的关键部位或人物，事物将陷入瘫痪状态，用于强调领导核心的重要性。

扫码听音

锤碰铁，无惊缺

【注释】　无惊：不怕。

【句意】　铁锤敢打铁，不怕被敲缺。

【运用】　用于表达打铁还需自身硬，练好自身内功才能迎接各种挑战。

泉州方言

无当家呣知柴米贵

【注释】　呣：不。

【句意】　没有当过家，不知道柴米等日用品的贵贱。

【运用】　不当家不知道持家难，用于表达人要懂得换位思考，懂得站在集体或他人的立场上来思考问题。

扫码听音

孤木𫚬成林，孤店呣成市

【注释】 孤：单个；𫚬：不会；呣：不，亦可作“𫚬”；市：市集，市场。

【句意】 独木不成树林，孤店难成集市。

【运用】 用于阐述在一个集体中，个体间虽然可能存在竞争关系，但如果集体不存在了，个体也很难存活，因此互相协作显得尤为重要。

一人举篙
呣值众人附呵

【注释】　篙：竹篙；呣值：比不上；附呵：吆喝。

【句意】　一人单干，比不上众人齐心协力。

【运用】　用于表达团结就是力量，齐心方能成事。意近“一人建鱠起龙王庙，千家造得起洛阳桥”。

主要收录有关民本、人本思想理念的民谚、俗语。

民以食为天，无食倥倥颠

【注释】 无食：没吃东西；倥倥颠：形容走路摇摇晃晃。

【句意】 民以食为天，人没吃东西走起路来就会摇摇晃晃。

【运用】 民以食为天，可见“食”在人们的心目中有多么重要。

泉州方言

众人目睭瞒𫠛过

【注释】　目睭：眼睛；𫠛：不会。

【句意】　群众的眼睛瞒不过。

【运用】　用于表达群众的眼睛是雪亮的。

众人喙较毒饭匙铳

【注释】 喙：口，此处指话语；较毒：比……更毒；饭匙铳：眼镜蛇。

【句意】 受众人诟病的伤害更胜眼镜蛇毒。

【运用】 用于喻指舆论威力大，众口铄金、三人成虎。亦作“众人喙毒”。

泉州方言

众人喙捂𠲎密

【注释】　喙：口，此处指话语；捂𠲎密：捂不住。

【句意】　众人悠悠之口是堵不住的。

【运用】　用于表达做事要经得起群众的评说。

众人扛山山会动

【注释】　扛山：抬起大山。

【句意】　众人抬山山会动，团结力量大无穷。

【运用】　用于阐述群众中蕴藏着无穷伟力，众人拾柴火焰高。意同“众人一样心，黄塗变成金”（塗：泥土）。

泉州方言

官断不如民愿

【注释】 官断：官员审理并依法决断。民愿：百姓的意愿。

【句意】 为官决断不如百姓意愿。

【运用】 用于阐述为政者要倾听民意、问计于民，不可独断专行，反映民意的政策施行起来自然畅通无阻。

泉州方言

做官着知民情，做生理着知行情

【注释】 着：要；生理：生意。

【句意】 当官就得体察民情，做生意就得知道行情。

【运用】 用于阐述为政者要多下基层调研，听民意、解民情、纾民困。

泉州方言

粟济出好米，人济出正理

【注释】 粟：稻谷；济：多。

【句意】 谷子多可以碾出好米，人多可以商量出好主意。

【运用】 用于阐述群众的智慧是无穷的，要善于集思广益，从群众中汲取智慧力量。

三日无念喙生，三日无写手硬

【注释】 无：没；喙：嘴。

【句意】 三天没念嘴就生，三天没写手会硬。

【运用】 用于表达知识和技艺需要经常温习、训练，否则就会生疏。亦作“三日无写手头硬，三日无念喙头生”。

泉州方言

无惊学𠢕，只惊呣学

【注释】　𠢕：不会；呣：不。

【句意】　不怕学不会，只怕不学。

【运用】　用于表达学习要下定决心，克服畏难情绪，没有学不会的知识和技艺。

扫码听音

字无百日工

【注释】 字：指书法。

【句意】 想写一手好字，训练百日才可见一定成效。

【运用】 用于阐述只要功夫深，铁杵磨成针，久久为功，必见成效。

泉州方言

好记势呣值烂笔头

【注释】　记势：记忆力；呣值：不如。

【句意】　再好的记忆力都不如勤做笔记。

【运用】　勤动笔墨，有助记忆，用于倡导勤做笔记的学习方法。

补漏趁好天，读册趁后生

【注释】 漏：屋顶漏雨；读册：读书；后生：年轻。

【句意】 修葺破漏的屋顶要趁天晴，读书要趁年轻。

【运用】 用于阐述读书要趁年轻，此时无论是时间还是精力都有利于读书学习。

泉州方言

知识是财富，无伊就𫒪富

【注释】 伊：代词，此处指知识；𫒪：不会。

【句意】 知识就是财富，没有知识很难致富。

【运用】 用于表达知识的作用和力量。意近“知识无底，千金难买”。

扫码听音

树无惊长根济，人无惊读册济

【注释】　无惊：不怕；济：多；读册：读书。

【句意】　树不怕树根多，人不怕读书多。

【运用】　用于表达人要多读书，多学知识。

泉州方言

树靠人修，人靠自修

【注释】 靠：依靠。

【句意】 树要成材靠人栽培，人要出息要靠自己提升自我。

【运用】 用于强调学习主要靠自觉，有了内生动力才能加强自身能力建设，达到成才的目标。

扫码听音

赐囝千金，呣值教囝一艺

【注释】 囝：子女；呣值：比不上。

【句意】 赠送子女千两黄金，不如教他（她）一项技艺。

【运用】 用于表达千金有尽时，技艺吃不穷。意同“授之以鱼不如授之以渔”。

泉州方言

数着常结，册着勤阅

【注释】　数：账目；着：要；册：书。

【句意】　账目要经常结清，才不容易出差错；书本要勤阅读，才能不断进步。

【运用】　用于鼓励人们多读书，提倡活到老、学到老的观念。

扫码听音

卜学泅就着食水

【注释】 卜：想要；泅：游泳；着：要，必须。

【句意】 想要学会游泳，就得经受呛水。

【运用】 用于表达想要掌握某种技能，就得付出一定代价。

泉州方言

钝刀出利手

扫码听音

【注释】 利：利索，熟练。

【句意】 欠锋利的刀子逼人使出更多本事。

【运用】 用于阐述不利的客观条件能促使人发挥出更大的潜力，学会更多的本事。

卜知父母恩，手咧抱囝孙

【注释】　卜：要；手咧：手里，手上；囝：子女。

【句意】　要知父母恩，手中抱儿孙。

【运用】　只有经历过生儿育女，才能真正体会父母的养育之恩，用于倡导孝敬父母。意同“养儿方知父母恩”。

泉州方言

卜种花分人插，呣栽刺戳人脚

【注释】　卜：要；呣：不。

【句意】　宁可养花朵给人插，也不种荆棘扎人脚。

【运用】　用于表达常怀助人之心，莫存害人之心。

扫码听音

八百买乡里，千银买厝边

【注释】 乡里：乡村；银：即“大银”，银圆；厝边：邻居。

【句意】 寻找一个好的居住地只要花八百银圆，寻找一个好邻居却要花一千银圆。

【运用】 用于阐述好邻居不易得，邻里和睦特别重要。亦作“千银买厝，万银买厝边”。

泉州方言

甘愿无钱，
呣敢失德

扫码听音

【注释】　无钱：没钱；呣敢：不敢。

【句意】　宁愿没有钱，也不能做缺德事。

【运用】　用于阐述德行比金钱更重要。

扫码听音

好门户呣值好肠肚

【注释】　呣值：不如；肠肚：此处指心地。

【句意】　门户好看，不如心地善良。

【运用】　用于表达心灵美比外表美更为重要。意同“花水靠颜色，人水靠品德”。

泉州方言

举头三尺有神明

【句意】　头上三尺处有神明（监督）。

【运用】　用于表达善有善报，恶有恶报。

辩证篇

主要收录有关实事求是、矛盾论等哲学思想的民谚、俗语。

会行行𫢍过影，会说说𫢍过理

【注释】 𫢍：不会。

【句意】 再能走也快不过影子，再会说也说不赢真理。

【运用】 用于阐述花言巧语辩不过真理。

泉州方言

卜好龟上崀，卜败水崩山

【注释】　卜：要；崀：斜坡。

【句意】　事情顺利发展，犹如乌龟爬山；事情一旦衰败，恰似山洪暴发。

【运用】　用于阐述好事发展缓慢，坏事蔓延迅速。

寸钉牛筋力

【注释】 寸钉：一寸长的钉子。

【句意】 一寸长的钉子却具有牛筋一样的承受力。

【运用】 用于表达只要用对地方，小物件也可起大作用。

泉州方言

老虎雀仔胆，蠓仔老虎胆

【注释】　雀仔：麻雀；蠓仔：蚊子。

【句意】　老虎貌似强大，胆子却像麻雀那样小；小小的蚊子，却有着老虎般的胆子。

【运用】　用于表达看事物不能单看表面，有的貌似强大，实则脆弱；而外表弱小的，却可能勇敢果断。

阿公做先生，阿妈烂后靪

【注释】 阿公：爷爷；先生：医生；阿妈：奶奶；后靪：鞋跟。

【句意】 爷爷当医生，奶奶穿着烂了鞋跟的鞋。

【运用】 用于表达本事再大也有用不上或顾不了的时候，事物不可能十全十美，人人都有短板。

泉州方言

芳花无一定好看，会说无一定势做

【注释】 芳：香；势：善于，有本事。

【句意】 香花不一定好看，会说不一定会做。

【运用】 用于表达说得好不一定做得好；既要听其言，又要观其行。

荐马也有一步踢

【注释】　荐：体弱。

【句意】　再弱的马也有踢上几脚的本事。

【运用】　用于阐述能力再低的人也会有些优点。劝诫人们丢掉偏见，别看不起“弱马”；也鼓励“弱马”不要妄自菲薄，在许多时候还可以发挥一技之长。

泉州方言

狗头𣍐发麒麟角

【注释】　𣍐：不会；发：长出。

【句意】　狗头长不出麒麟角。

【运用】　用于表达事物的本质属性是固定的，不能指望在普通事物上获得宝贝；也可表示不能指望在一般条件下意外获取大成果。

扫码听音

跋折脚骨倒勇

【注释】　跋折：跌断；脚骨：腿脚；倒勇：比原来更有力。

【句意】　腿脚跌断过却因此更有劲。

【运用】　用于表达人有时会因祸得福，事物的好坏都是相对的，坏事也可能变成好事。

泉州方言

壁边草
也会拄着坦横雨

【注释】 拄着：碰到；坦横雨：斜泼的雨。

【句意】 墙边的草也会碰上斜泼的雨。

【运用】 用于表达处于不利环境之中的事物，有时也会碰到机遇。

扫码听音

必脚爱找旧痕

【注释】 必：裂开；脚：起始处。

【句意】 器物裂开往往始于原受损处。

【运用】 用于阐述事物内部存在的缺陷或不足容易导致新的侵袭或攻击。

泉州方言

七圆目镜，随人甲目

【注释】 圆：量词，元；目镜：眼镜；甲目：顺眼，中意。

【句意】 一样的眼镜，有人喜爱，有人不戴。

【运用】 用于表达对于同样的事物人们因为自身好恶和看问题的角度不同，会有不同的看法。意同“萝卜青菜，各有所爱”。

扫码听音

花无芳也引蝶

【注释】 芳：芳香。

【句意】 鲜花没有芳香，也能引来蝴蝶。

【运用】 用于表达好事物即使略有缺陷，也照样能吸引人。

卜扭牛鼻，呣拔牛尾

【注释】 卜：要；呣：不要。

【句意】 要扭住牛鼻子，别强拉牛尾巴。

【运用】 用于表达解决问题应该抓住事物的关键。

主要收录表达按客观规律办事、有技巧地办事等科学工作方法的民谚、俗语。

孔子公
呣敢收隔暝帖

【注释】 孔子公：孔子；呣敢：不敢；隔暝：隔夜。

【句意】 连孔夫子这样的先哲也不敢收受别人请他第二天做某事的帖子。

【运用】 用于阐述世事变幻难料，不能轻易许诺。亦作“孔子公呣敢收人隔暝帖”。

泉州方言

会发做发糕，
𫟖发做甜粿

【注释】　发：发酵；发糕：一种发酵的米糕；𫟖：不会；粿：闽南地区把米粉、面粉、薯粉等经过加工制成的食品统称为“粿”。

【句意】　会发酵的做发糕，不会发酵的做甜粿。

【运用】　用于表达做事要因势利导，物尽其用。

有风呣通使尽帆

【注释】　呣通：不要；尽帆：全帆。

【句意】　风大时不必使用全帆。

【运用】　用于表达做事应留有余地。

泉州方言

有偌大的脚，穿偌大的鞋

【注释】　偌大：多大。

【句意】　有多大的脚穿多大的鞋。

【运用】　用于表达凡事从实际出发，量力而行。

扫码听音

经布着好布边，做鞋着好后靪

【注释】　经布：织布；着：要；后靪：鞋跟。

【句意】　织布的关键是把布边织好，做鞋的关键是把鞋跟做好。

【运用】　用于表达做事情得把握关键，最重要的部分要做得特别好。意近“好钢要用在刀刃上”。

泉州方言

差牛去缉马，马去连牛无

【注释】　差：差遣；缉：追。

【句意】　驱使牛去追马，牛马一起丢。

【运用】　用于阐述因为用人不当、所托非人导致更大的损失。

食紧弄破碗

【注释】 食：吃；紧：快。

【句意】 吃饭吃得太快，容易摔破碗。

【运用】 用于阐述办理急事更要防止急躁，做事太急太快容易出现差错。

泉州方言

紧行无好步，慢行好步数

扫码听音

【注释】 紧：快；行：走；步数：着数。

【句意】 下棋时速度快往往走不出好招数，慢慢下才比较可能有好招数。

【运用】 用于阐述做事要深思熟虑后再行动，不要操之过急。

破柴呣捌柴纹，破仔大气那嗌

【注释】　破柴：劈柴火；呣捌：不懂；破仔：劈得……；大气那嗌：不停地喘气。

【句意】　劈柴火不懂得顺着纹路来劈，结果劈得气喘吁吁。

【运用】　用于阐述处理事情若不了解其规律，就会事倍功半，提醒人们要懂得顺势而为。

泉州方言

罩鸡毋成孵

【注释】 毋：不；孵：孵小鸡。

【句意】 硬罩着的鸡孵不出小鸡。

【运用】 用于表达强扭的瓜不甜，有时候采用柔性的办法更容易达到目的。

扫码听音

激水无流崩田岸

【注释】 激水：急流。

【句意】 水急流不出，田埂保不住。

【运用】 用于阐述凡事要因势利导，一味围追堵截，必然酿成大祸。

泉州方言

平平路跋倒猪母，小火星烧倒大厝

【注释】 平平路：平坦的道路；跋倒：跌倒；猪母：母猪；烧倒：烧毁；厝：房子。

【句意】 平路绊倒了老母猪，小火星烧毁了大房子。

【运用】 用于表达看似毫无危险的情况，若不小心也可能酿成大祸。还用于说明小风险也可能酝酿出大破坏，告诫人们要小心谨慎，防微杜渐。

扫码听音

会用用人才，赡用用奴才

【注释】　赡：不会。

【句意】　会用人，才能把人用成人才；不会用人，就只把人当奴才。

【运用】　用于表达物尽其用、人尽其才。

泉州方言

旧柴草，好起火；旧笼床，好炊粿

【注释】 笼床：蒸笼；炊：蒸；粿：闽南地区把米粉、面粉、薯粉等经过加工制成的食品统称为“粿”。

【句意】 旧的柴火比较干燥，更易生火；旧的蒸笼用习惯了，更好蒸粿。

【运用】 用于阐述有些东西虽是旧的，用起来却更顺手，东西是否合用不看新旧。实际工作中，旧方法也许就是经过前人艰辛探索得来的最好办法，不要为了创新而创新。

生态篇

主要收录说明保护生态和可持续发展重要性的民谚、俗语。

扫码听音

卜起厝，加种树

【注释】　卜：想要；起厝：盖房子；加：多。

【句意】　想要盖房子，先要多种树。

【运用】　用于表达植树可以美化环境，可以致富，也可指做事要及早准备。

泉州方言

人靠地养，地靠人养

扫码听音

【注释】 靠：依靠。

【句意】 人靠土地养活，土地靠人来养护。

【运用】 用于阐述人和土地相互依存的关系。

有树有鸟歇

【注释】　歇：停歇。

【句意】　只要有树就会有鸟停歇。

【运用】　用于阐述有了好环境，就能引来人才。

泉州方言

河水五路流，也会有尽头

【注释】 五路：四处。

【句意】 河水四处流，总会有尽头。

【运用】 用于阐述资源如果任意挥霍，总有枯竭的时候。

高山出好茶，大海出龙虾

【注释】 出：出产。

【句意】 高山容易产出好茶，大海容易出产龙虾。

【运用】 用于阐述优良的环境可以孕育出优质的物产。

卜娶某，双脚做擂鼓

【注释】　卜：要；某：妻子；做擂鼓：喻指勤快。

【句意】　要想娶妻成家，就得手脚勤快。

【运用】　用于表达男子想要成家立业，应该自力更生，努力工作。

主要收录表达真抓实干重要性的民谚、俗语。

卜做塗中藕，呣做水上薸

【注释】　卜：要；塗：土；呣：不；薸：浮萍。

【句意】　要做土中的莲藕，不做水上的浮萍。

【运用】　用于劝诫做人要踏实，不要轻浮。

泉州方言

山悬𫠛碍路，水深家己渡

【注释】 悬：高；𫠛：不会；碍路：挡路；家己：自己。

【句意】 只要敢于迈开步，山高水深难挡路。

【运用】 用于表达只要勇于实践，再大的困难都可以克服，最终必能成功。

见过呣值做过

【注释】 呣值：不如。

【句意】 见过不如做过。

【运用】 用于阐述做一遍比看一遍管用，强调实践对掌握知识的重要作用。意近“看俗俗，摸獪着”（俗俗：很平常；獪：不）。

泉州方言

只会讲，变无蠓

扫码听音

【注释】 蠓：蚊子；变无蠓：搞不出什么名堂。

【句意】 会说不会做，实际没有用。

【运用】 用于阐述夸夸其谈不如踏实肯干。亦作“会说呣值会做”“有说呣做，等于废话”（呣：不）。意同“语言的巨人，行动的矮子”。

扫码听音

册厚呣值人勢

【注释】 册：书；呣值：不如；勢：善于，有本事。

【句意】 书本再厚也不如人本事大。

【运用】 用于阐述实践经验比书本知识更加重要。

泉州方言

册是死的，人是活的

【注释】 册：书。

【句意】 书本是死的，人却是活的。

【运用】 用于表达读书要懂得活学活用，不能读死书。

扫码听音

呣惊事难，只惊人懦

【注释】 呣惊：不怕；懦：懒惰。

【句意】 不怕事难做不成，只怕人懒不去做。

【运用】 用于表达只要勤劳有志气，再难的事情也能做成。意同“世上无难事，只怕有心人”。

泉州方言

扁担一条龙，一生食𫚃穷

【注释】 𫚃：不会。

【句意】 扁担犹如一条龙，一生一世吃不穷。

【运用】 用于阐述勤劳不怕没饭吃。

扫码听音

牛仔出世十八跋

【注释】 跋：跌倒。

【句意】 小牛出生后得经历多次跌倒才能站起来。

【运用】 用于阐述人在成长过程中经历磨难在所难免。意近“玉不雕，不成器”。

泉州方言

后生呣拍拼，食老无名声

扫码听音

【注释】　后生：年轻；呣：不；拍拼：拼搏，奋斗；食老：活到老。

【句意】　年轻时不奋斗，老了之后将一事无成，没有什么声望。

【运用】　用于鼓励年轻人努力拼搏。亦作“少年呣拍拼，老来无名声”。

扫码听音

土地靠种作，知识靠探索

【注释】 种作：耕种。

【句意】 土地收成靠耕种，知识增长靠探索。

【运用】 用于阐述知识的积累是一个不断探索的过程，强调要通过实践不断校正认识，获得新知。

泉州方言

凡事一阵风，碌死也无功

扫码听音

【注释】 碌：忙碌，劳累。

【句意】 凡事一阵风，累死也无功。

【运用】 用于阐述做事不能一阵风，热情来了就大干快上，热情一退就抛之脑后，这样兜兜转转、忙忙碌碌也是徒劳无功。应该持之以恒、久久为功，干一件事成一件事。

大担担倒人，细担担倒山

【注释】　细：小。

【句意】　重担子可以压倒人，轻担子能够削平山。

【运用】　用于阐述只要有恒心，铁杵磨成针。

大空无底

【注释】　大空：奢侈。

【句意】　奢侈的人没有底线。

【运用】　用于表达奢侈之风败坏品德，甚至可能导致犯罪。

主要收录表达廉洁从政重要性的民谚、俗语。

公家钱，
呣是老爹钱

【注释】　呣：不；老爹：官员，官老爷。

【句意】　公家的钱不是官员自己的钱，不能随意取用。

【运用】　用于劝诫公私要分明，不能贪污或挪用公款。

泉州方言

田园无作岸，肥塗走一半

扫码听音

【注释】 田园：田地；作岸：造田埂；肥塗：肥沃的土层；走：流失，损失。

【句意】 种田没造田埂，肥土将大量流失。

【运用】 用于喻指无规矩不成方圆，要把权力关进制度的笼子，否则将会导致严重后果。

泉州方言

学好三年，学歹三日

【注释】　歹：坏。

【句意】　学好要三年时间，学坏只要三天就够了。

【运用】　用于阐述要养成好的品行需要日积月累、久久为功，但变坏却很快，要警钟长鸣、时时自省。

泉州方言

听小人话，误大代志

【注释】　代志：事情。

【句意】　听小人的话会误大事。

【运用】　用于表达要做到亲君子、远小人。

鸡卵密密也有缝

【注释】 鸡卵：鸡蛋。

【句意】 鸡蛋壳再密都有缝隙。

【运用】 用于阐述世上没有不透风的墙，要想人不知，除非己莫为。

泉州方言

冷清穷较好腌臢富

【注释】　冷清：干净，清白；较好：比……好；腌臢：肮脏。

【句意】　清白穷胜过肮脏富。

【运用】　用于倡导清风正气。

扫码听音

贪字贫字壳

【注释】 壳：外壳。

【句意】 “贪”字的外壳是“贫”字。

【运用】 用于劝诫为人别起贪念，否则离贫不远。意近“贪食涨破肚”“贪长短就到”。

泉州方言

细空呣补，大空叫苦

【注释】 细空：小洞；呣：不。

【句意】 小洞不补，变成大洞了才叫苦。

【运用】 用于阐述小问题不及时解决，酿成大问题不好收拾，要防微杜渐。亦可用于阐述要时刻注意扎紧制度的笼子，防止出现“破窗效应”，防止小漏洞累积成系统性风险。意近“漏缸一条缝，沉船一牙洞”。

扫码听音

食铜吐铁

【注释】　食：吃。

【句意】　吃进铜，吐出铁。

【运用】　用于阐述不该得的东西，最后还得拿出来，而且非常难堪。

泉州方言

牵人落水，家己也着澹裤

【注释】　家己：自己；着：要；澹：打湿。

【句意】　拉人下水，自己也会打湿裤子。

【运用】　用于阐述唆使人家干坏事，自己也脱不了干系。

偷食袂瞒得喙齿，做贼袂瞒得乡里

【注释】 食：吃；袂：不会；喙齿：牙齿。

【句意】 偷吃东西瞒不过牙齿，做贼盗窃瞒不过乡里。

【运用】 用于表达要想人不知，除非己莫为。

后　记

谚语是广大人民群众在漫长的生产生活中不断总结和凝炼的语言。其俗在于“通”，因为由经验而来，说的是身边事物，借喻来自日常，所以有情趣、通人情，因而更能让人会心；其雅在于“理”，因为要表达更加普遍的意义和推广更加核心的价值，所以借以传道、论道、说道，因而引人入胜，发人深省。人民群众就是这样在日常交谈、交往中传递着对真、善、美的理解与追求。中华文化精神和社会核心价值观就是依托这样的载体，为人民群众日用不绝，甚至不觉。

福建地处我国东南，在长期的历史演进中，区域文化形成的生活经验、风土人情、习俗观念等大量信息作为文化基因沉淀在方言谚语、俗语之中。这些看似零碎、朴实，实则洗练、深刻的民谚俗语，凝结着闽人在千百年来形成的经验知识、社会规矩、人生启示、朴素思辨，携带着恒久的群体记忆和广泛的思想认同，承载着悠久而璀璨的“闽人智慧”。在用来析事明理时，运用一两句经典民谚俗语，往往能够起到迅速引发共鸣、令人心领神会的效果。

福建省委宣传部、省委讲师团组织编写的“闽人智慧：言之有理”丛书，将那些闪耀哲理光芒、富有理论魅力、契合新时代精神的民谚俗语收集、提取出来，并进行融媒体加工，通过深入的调查研究，去粗存精、好中选优，让它们世世代代传承下去。

考虑到福建方言具有多中心的特点，丛书以全省九个设区市及平潭综合实验区作为方言代表点，编写十本分册，每本分册对当地主要方言谚语都有收集。册内篇章分信念、立场、民本、劝学、为善、辩证、方略、生态、笃行、廉洁十个篇目，便于读者使用。

著名方言专家、福建师范大学文学院原教授、博士生导师陈泽平担任丛书的策划、审订工作。在全省各地党委宣传部门、党委讲师团和各地方言专家、学者的协同努力下，编委会选定了近千条具有浓厚方言特色和时代意义的民谚条目，并进行篇目分类，组织编写注释、句意和运用。遗憾的是，陈泽平教授在完成书稿审订工作后不久因病辞世。

我们还邀请各地方言专家为所有方言条目录制慢速和正常语速两种音频，在书中每个方言条目边上配二维码，使之更加便于读者的学习使用。由于各地方言的特殊性，能读懂、读清楚这些方言的专家年纪都不小，有的专家虽然行动不便，仍坚持在录音棚里一遍遍地录音，直到录得满意的音频。书稿编辑完成后，著名语言学家、厦门大学中国语言文学系教授、博士生导师、福建省语言学会原会长李如龙和著名文史学家、福建省文史研究馆原馆长卢美松分别从方言学角度和文史学、社会学等角度对丛书给予充分肯定并向广大读者推荐本丛书。在此，我们向以上专家对本书作出的贡献表示诚挚的感谢，对作出重要贡献却未能见到本丛书面世的陈泽平教授表示深切缅怀。

相信本丛书的出版对于广大读者从方言谚语中了解当地习俗典故、传承优秀传统文化、习得“闽人智慧”和增强文化自信，都具有现实意义。

由于福建方言繁复而庞杂，即使在同一方言区里，不同县市、乡镇的方言也各有差异，囿于篇幅，书中存在的不足和疏漏之处，敬请大家批评指正。

本书编委会

2023 年 12 月

鸣　谢

“闽人智慧：言之有理”丛书在编写过程中得到了各设区市党委宣传部、讲师团和平潭综合实验区党工委宣传与影视发展部的大力支持！参与本丛书编写、修改或音频录制工作的人员名单如下：

福州卷

陈日官　张启强　高迎霞　张　武　黄　晓

蔡国妹　陈则东　唐若石　许博昕　林　静

厦门卷

周长楫　刘宏宇　江　鹏　张　琰　柯雯琼

漳州卷

黄瑞土　王叶青　郭外青　蔡榕泓

泉州卷

郭丹红　郭焕昆　蔡俊彬　林达榜　吴明兴

熊小敏　王建设　蔡湘江　朱媞媞

三明卷

肖永贵　邓衍淼　邓享璋　肖平军　夏　敏

邓丽丽　陈　卓　邱泽忠　陈　丹　林生钟

莆田卷

苏志军　刘福铸　林慧轻　林　杰　林盈彬

黄　键

南平卷

肖红兵　黎　玲　黄新阳　吴传剑　黄秀权
程　玲　徐　敏　黄丽娟　祝　熹　杨家茂
林培娜　徐跃红　徐文亮　吴雪灏　陈灼英
施　洁　谢元清　郑丽娜　姜　立　谢梦婷

龙岩卷

陈汉强　杨培武　陈大富　苏志强　谢绍添

宁德卷

王春福　吴海东　罗承晋　林毓秀　林毓华
钟神滔　吴德育　陈玉新　刘文杰

平潭卷

詹立新　李积安　林贤雄　林祥鹭

特此致谢！

本书编委会

2023 年 12 月

图书在版编目（CIP）数据

闽人智慧：言之有理. 泉州卷 / 中共福建省委宣传部，中共福建省委讲师团编 . --福州：福建人民出版社，2023. 12

ISBN 978-7-211-08862-1

Ⅰ. ①闽…　Ⅱ. ①中…　②中…　Ⅲ. ①汉语方言—俗语—汇编—泉州　Ⅳ. ①H17

中国版本图书馆 CIP 数据核字（2022）第 051802 号

闽人智慧：言之有理（10 册）

MINREN ZHIHUI：YANZHI YOULI

作　　者： 中共福建省委宣传部　中共福建省委讲师团
责任编辑： 周跃进　李雯婷　孙　颖
美术编辑： 白　玫
责任校对： 林乔楠
出版发行： 福建人民出版社　　**电　　话：** 0591-87533169(发行部)
地　　址： 福州市东水路 76 号　　**邮　　编：** 350001
网　　址： http://www. fjpph. com　　**电子邮箱：** fjpph7211@126. com
经　　销： 福建新华发行（集团）有限责任公司
装帧设计： 雅昌（深圳）设计中心　冼玉梅
印　　刷： 雅昌文化（集团）有限公司
地　　址： 深圳市南山区深云路 19 号
电　　话： 0755-86083235
开　　本： 889 毫米×1194 毫米　1/32
印　　张： 37. 25
字　　数： 255 千字
版　　次： 2023 年 12 月第 1 版　　2023 年 12 月第 1 次印刷
书　　号： ISBN 978-7-211-08862-1
定　　价： 268. 00 元（全 10 册）